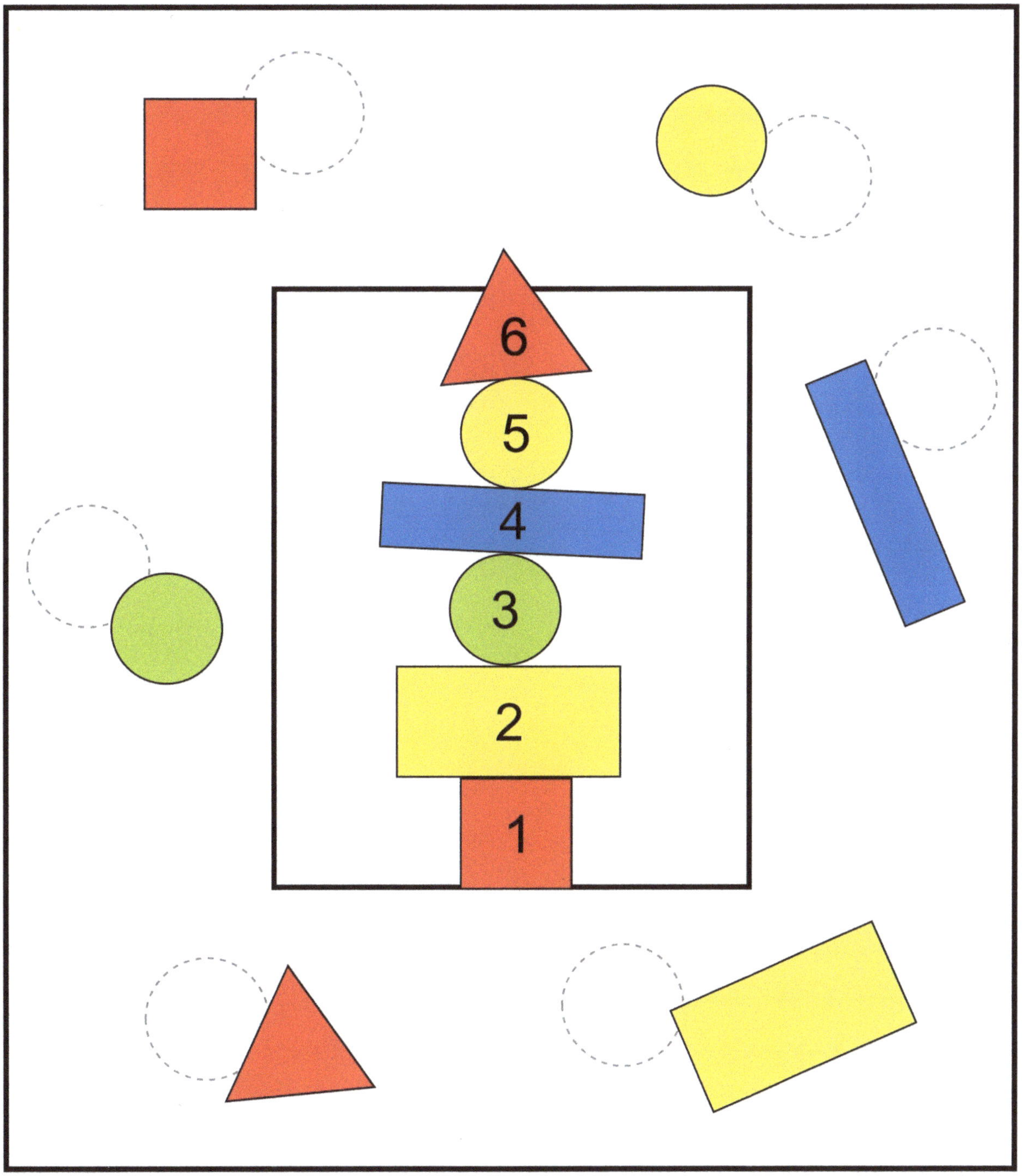

hitta **RÄTT** ordning

Skriv, dra en linje eller använd utklippen från sidorna i slutet.

Super-A vill tvätta händerna. Vad behöver hon?
I vilken ordning? (Använd sifferutklippen.)

Hjälp Super-A att tvätta händerna. Hitta rätt ordning!

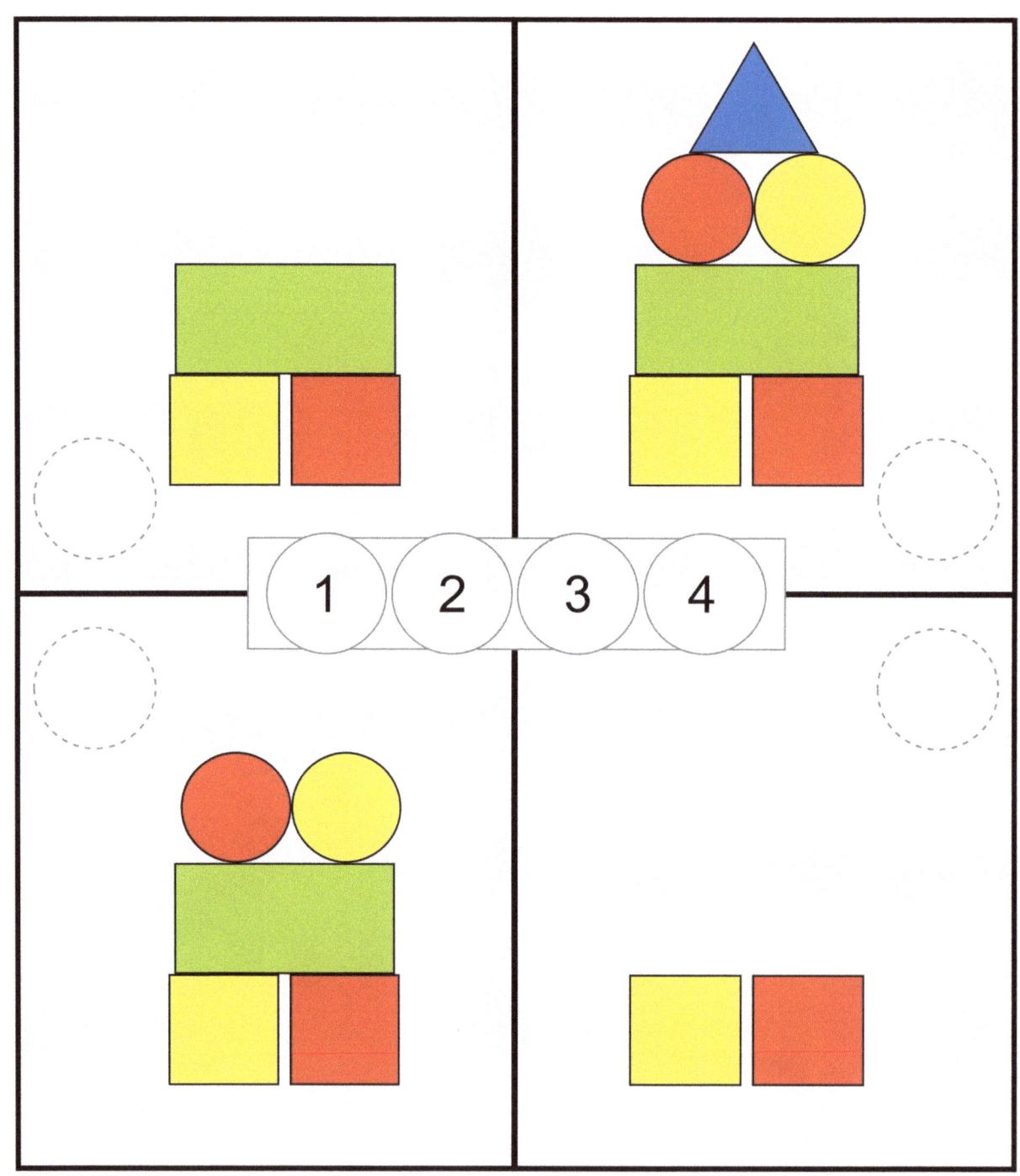

hitta **RÄTT** ordning

Skriv, dra en linje eller använd utklippen från sidorna i slutet.

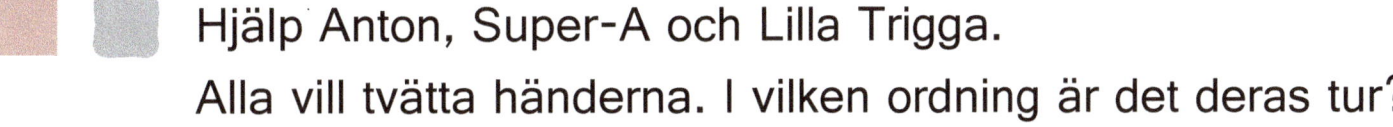

Hjälp Anton, Super-A och Lilla Trigga.
Alla vill tvätta händerna. I vilken ordning är det deras tur?

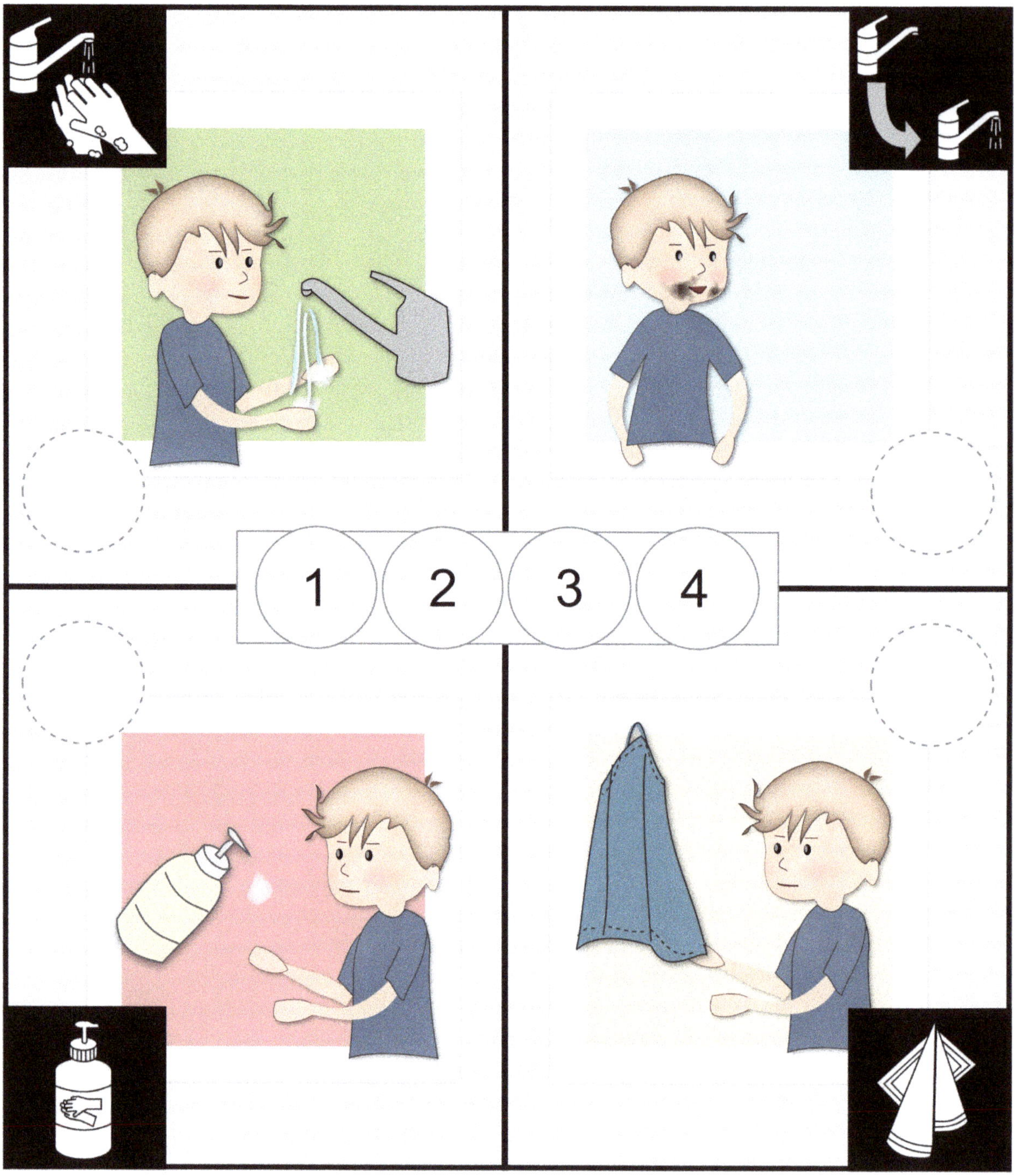

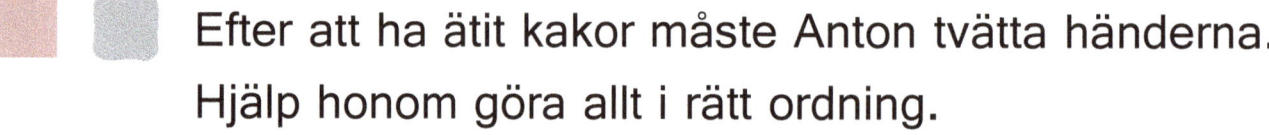

Efter att ha ätit kakor måste Anton tvätta händerna. Hjälp honom göra allt i rätt ordning.

 Du går på toaletten. Hur tvättar du händerna efteråt? Kan du göra allt i rätt ordning?

vem behöver de 2 legoklossarna

Super-A har lekt med Lego ... Anton bakat ... Mamma läst en bok. Vem måste tvätta händerna före iPaden?

Efter sandlådan ... toaletten ... och att ha petat sig i näsan ... vem måste tvätta händerna innan kakorna?

Litllebror har badat ... Anton ätit en kaka ... och Super-A målat. Vem måste tvätta händerna innan de lägger sig?

hitta RÄTT ordning

Alla väntar på att gå ut. Hitta en mössa åt alla.
(Dra streck eller använd sifferutklippen.)

 Alla väntar på att pappa ska hämta en leksak eller bok. Hitta något åt varje person.

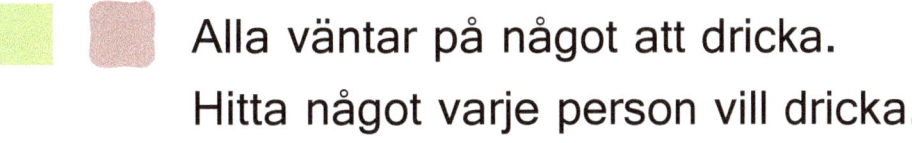

Alla väntar på något att dricka.
Hitta något varje person vill dricka.

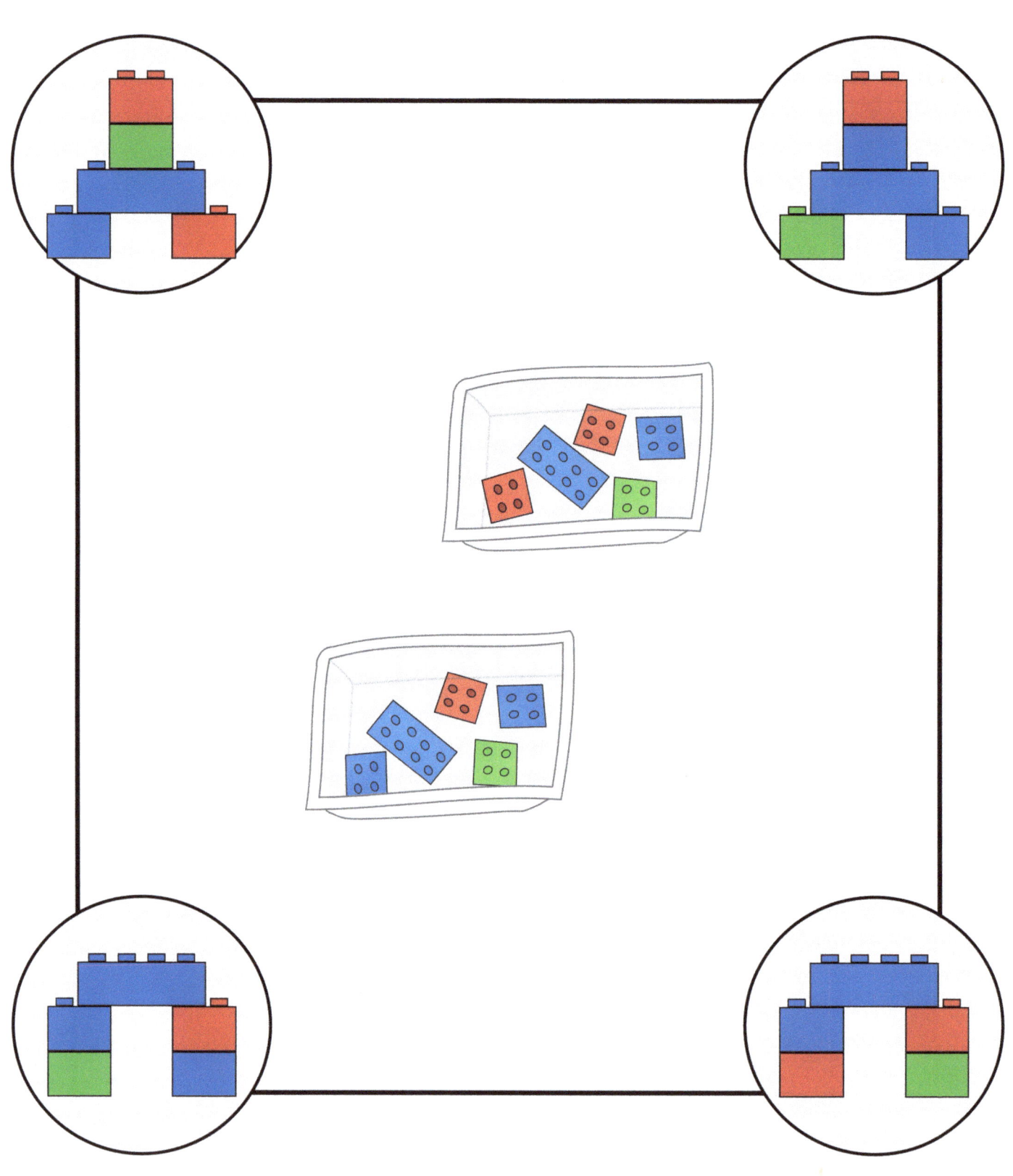

hitta LÅDAN med bitarna

Vem väntar och vem väntar inte vid bordet? Anton ... Super-A ... mamma ... lillebror ... pappa? Peka på smileyn med Vänta-kepsen!

Vem väntar på att få gå ifrån?
Vem äter fortfarande och väntar inte? Anton ... Super-A ...?

Klipp ut! Lägg cirklarna på nästa sida innan ni spelar ...

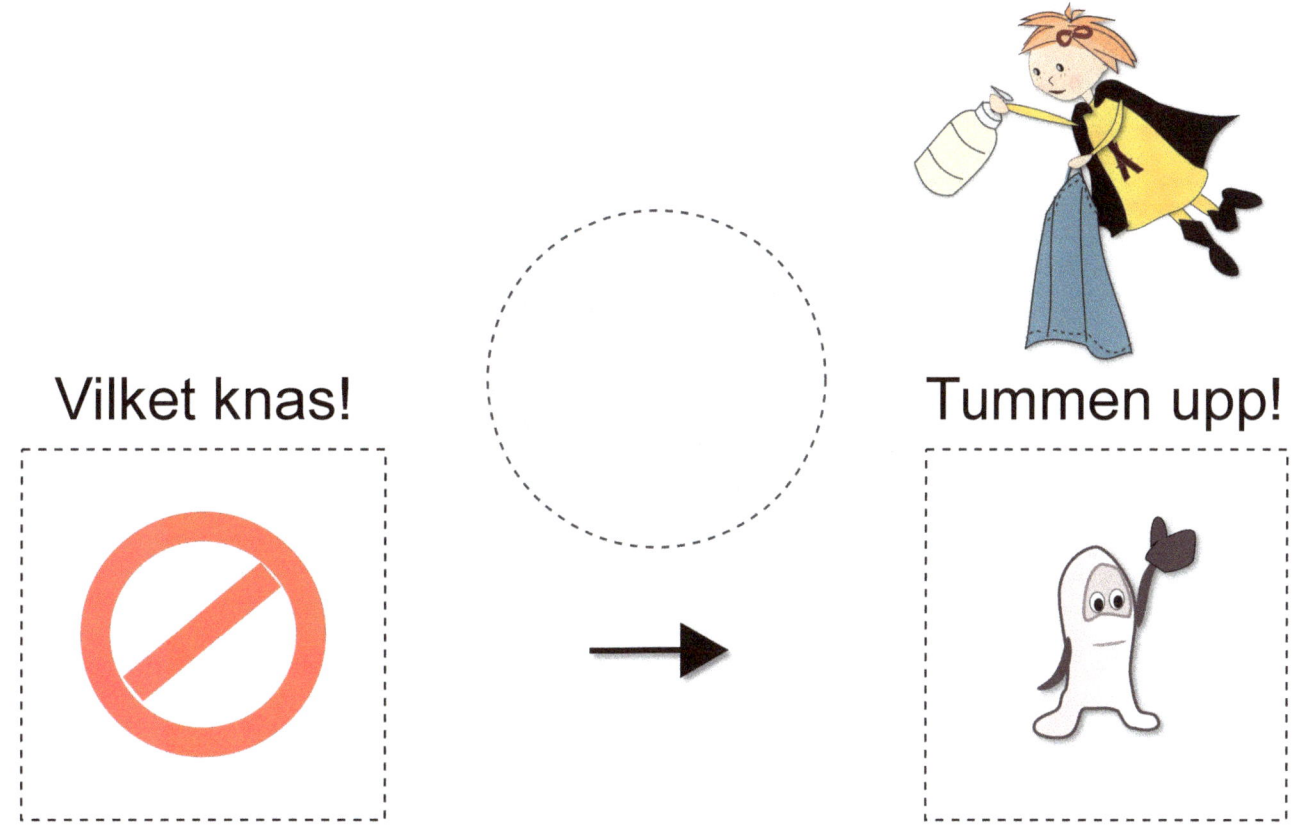

Fortfarande blöt eller smutsig? Vad har de glömt att använda? Ge pappa, Anton, Super-A och Lilla Trigga en handduk eller tvål!

(Klipp ut memorykorten och spela. Lägg varje nytt par i rätt ruta ovan och välj en cirkel nedan.)

Vem måste vänta innan de kan ... duka bordet ...
tvätta händerna ...? Sätt en Vänta-keps på deras huvud.
(Använd cirklarna och Vänta-kepsarna på nästa sida.)

Instruktioner efter nästa uppslag.

Instruktioner för utklippen till övningarna: Siffercirklarna är ett alternativ till att skriva eller dra ett streck. De kan användas i alla övningar (med streckade cirklar) för att para ihop eller sätta bilder i rätt ordning. För de stora cirklarna och Vänta-kepsarna, se instruktionerna i sista övningen (och #2 nedan).

Vill ni öva mer?

1) Var behöver vi vänta? Klipp ut Vänta-kepsarna från nästa sida. Låt ditt barn lägga ut korten på ställen (i verkligheten eller på foton) där vi måste vänta: hallen, matbordet, kassakön, skolmatsalen, dagis, handuppräckning i klassrummet, under ett spel eller på vår tur att få tvätta händerna ... Vem måste vänta? På vad?

2) Vet ditt barn när andra i familjen måste vänta? Väntar de på samma saker? Rita situationer (eller använd foton) och lägg Vänta-kepsar på familjemedlemmar (eller skolkamrater) istället för på bokkaraktärerna i sista övningen.

     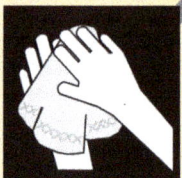

Öppna kran   Ta tvål   Tvätta med tvål   Stäng kran   Ta handduk   Torka händer

SMARTA tvättar sig & väntar med Anton och Super-A: Livskompetens för barn med autism och ADHD
SMARTAS Sysselbok 2 © Jessica Jensen och Be My Rails Publishing 2014
Detta verk är skyddat av lagen om upphovsrätt. Lärare får därmed inte kopiera övningsböckerna
i sin helhet eller som enstaka övningar i utbildningssyfte.
Övningsböckerna med Anton och Super-A får lamineras samt återanvändas för SAMMA elev.
Piktogram: www.sclera.be
ISBN 978-91-981522-9-6

Be My Rails Publishing
www.BeMyRails.com

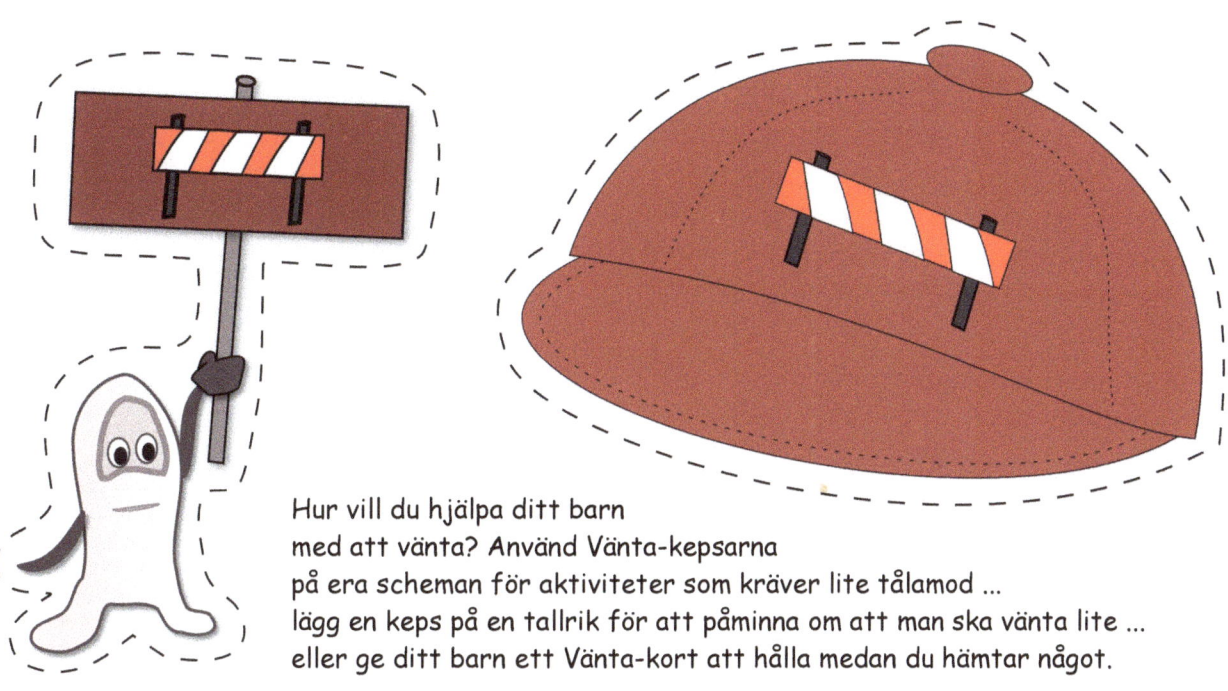

Hur vill du hjälpa ditt barn
med att vänta? Använd Vänta-kepsarna
på era scheman för aktiviteter som kräver lite tålamod ...
lägg en keps på en tallrik för att påminna om att man ska vänta lite ...
eller ge ditt barn ett Vänta-kort att hålla medan du hämtar något.

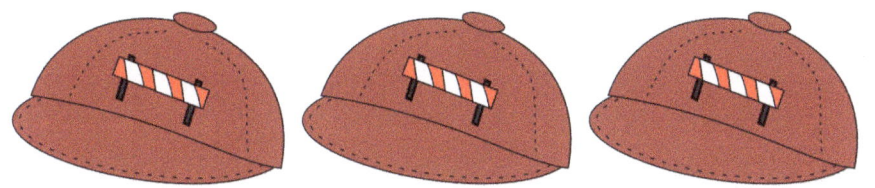

 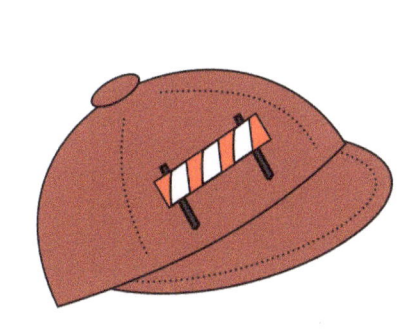 VÄNTA

www.ingramcontent.com/pod-product-compliance
Lightning Source LLC
Chambersburg PA
CBHW041431040426
42444CB00022B/3496